Weltgeschichte für junge Leser

In dieser Reihe sind bisher erschienen:

ISBN 978-3-89660-321-0

ISBN 978-3-89660-322-7

ISBN 978-3-89660-335-7

ISBN 978-3-89660-334-0

ISBN 978-3-89660-336-4

ISBN 978-3-89660-431-6

ISBN 978-3-89660-385-2

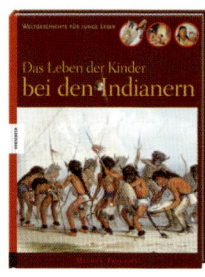
ISBN 978-3-89660-384-5

ISBN 978-3-89660-432-3

ISBN 978-3-89660-468-2

ISBN 978-3-86873-005-0

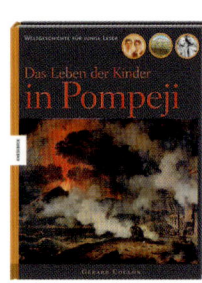
ISBN 978-3-89660-507-8

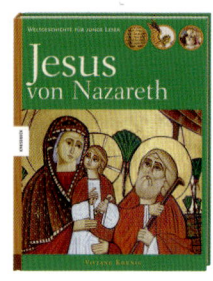
ISBN 978-3-89660-506-1

ISBN 978-3-89660-454-5

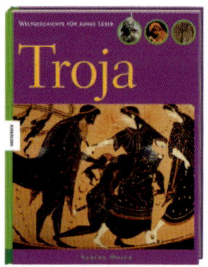
ISBN 978-3-89660-566-5

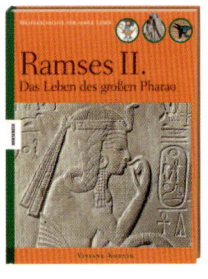
ISBN 978-3-86873-004-3

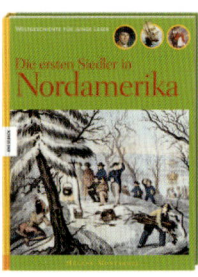
ISBN 978-3-89660-467-5

ISBN 978-3-86873-102-6

Die Götter und Helden im alten Griechenland

Viviane Koenig

Aus dem Französischen von Stephanie Singh

KNESEBECK

Inhaltsverzeichnis

Die Welt der griechischen Götter und Helden

◀ Die Musikerin spielt auf einer Doppelflöte, die der Gott Hermes erfand.

Das alte Griechenland war kein eigener Staat, sondern es bestand aus mehreren voneinander unabhängigen Städten. Immer wieder führten die Könige Krieg gegeneinander, obwohl ihre Untertanen dieselbe Sprache und dieselben Götter hatten.

Die Menschen glaubten, dass ihre Götter auf dem Berg Olymp thronten. Sie hätten Menschengestalt, hieß es, seien aber bärenstark und außerdem unsterblich. Genau wie die Menschen machten die griechischen Götter Fehler, zankten sich und kämpften gegeneinander. Neben den Göttinnen und Göttern gab es auch Halbgötter, die zur einen Hälfte Gott, zur anderen Mensch waren und als Helden galten. Die Menschen hegten eine tiefe Ehrfurcht vor ihren mächtigen Göttern und Heldengestalten.

Die Abenteuer der Götter, Göttinnen und Helden wurden von den Eltern an die Kinder weitergegeben. Diese Geschichten über das Leben und die Taten der Götter und Helden waren überall in Griechenland bekannt.

Es gab sogar Geschichten über die Kindheit der Unsterblichen. Viele kennen wir noch heute aus den griechischen Sagen, die uns

▼ Das Kind sitzt in einem Hochstuhl, der zwei Löcher für die Beine hat. Seine Mutter erzählt ihm eine Geschichte.

9

überliefert sind. Wusstest du zum Beispiel, dass Zeus, der Herrscher des Olymps, schon als Säugling in größter Gefahr schwebte? Dass der junge Held Herakles ein Mörder war? Dass Achill im Alter von neun Jahren in einem Palast versteckt wurde? Oder dass der Götter-

bote Hermes als Kleinkind ein ausgefuchster Dieb war?

Das Leben der griechischen Göttinnen, Götter und Helden war von Geburt an aufregend. Einige der spannendsten Geschichten findest du in diesem Buch.

Zeus, das gerettete Kind

Der Gott Kronos war mit der Göttin Rhea verheiratet. Immer, wenn sie ein Kind von ihm gebar, verschlang er es, denn Kronos hatte schreckliche Angst, dass eines seiner Kinder ihn eines Tages entmachten könnte.

Fünf Kinder – Hestia, Demeter, Hera, Hades und Poseidon – ereilte dieses Schicksal. Rhea war traurig und wütend. Als die Geburt ihres sechsten Kindes bevorstand, floh sie in ein Versteck.

Dort brachte sie den kleinen Zeus zur Welt. Nachdem sie ihn im Fluss gewaschen hatte, wickelte sie ihn in Decken. Nun brachte sie ihn aber nicht zu seinem Vater Kronos, sondern versteckte ihn in einer Berghöhle auf der griechischen Insel Kreta. Die Nymphen Amaltheia und Melissa sollten dort auf den Säugling aufpassen. Rhea wusste, dass sie sich auf die beiden Naturgeister verlassen konnte.

Kronos war natürlich bekannt, dass Rhea ein Kind geboren hatte, und er wartete schon auf sie. Als sie zurückkehrte, trug sie auch tatsächlich ein Bündel im Arm. Sie reichte es Kronos, der es sofort fraß. Er dachte natürlich, er habe den kleinen Zeus verschlungen, doch Rhea hatte ihm nur einen in Tücher gewickelten Stein gegeben.

Kronos hatte keine Ahnung, dass sein Sohn in der Ferne zu einem lebhaften kleinen Locken-kopf heranwuchs. Die Nymphen fütterten das Kind mit Honig und Ziegenmilch. Die vorsichtige Amaltheia hatte Zeus' goldene Wiege außerdem hoch oben in einen Baum gehängt. So konnte Kronos seinen Sohn weder im Himmel noch auf der Erde oder im Meer je finden.

Dazu kam, dass die Wiege gut bewacht war: Kureten, also bewaffnete Krieger, stan-

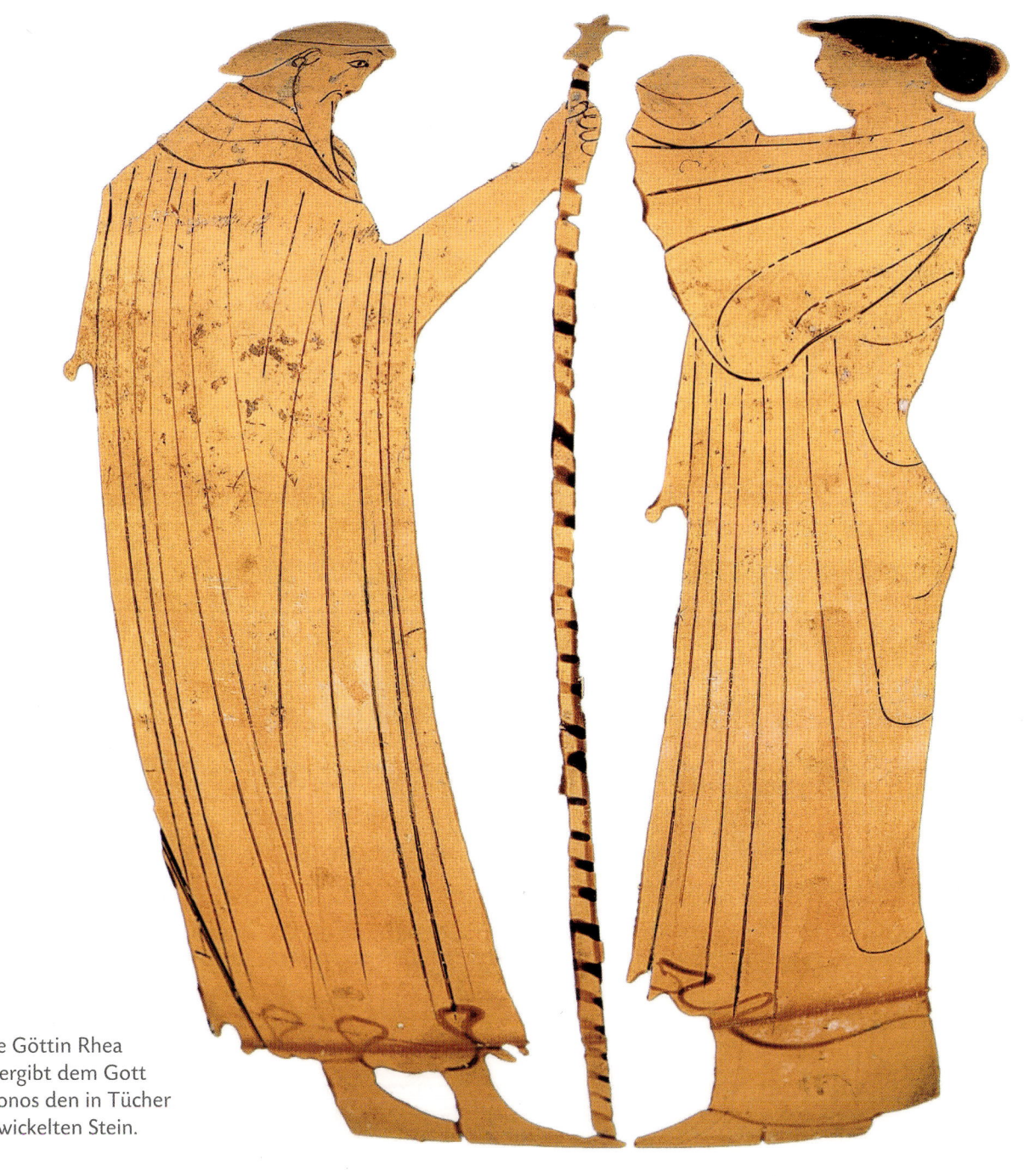

▶ Die Göttin Rhea übergibt dem Gott Kronos den in Tücher gewickelten Stein.

den rund um die Uhr bereit. Wenn der Säugling weinte, machten sie kräftig Lärm, um den kleinen Zeus zu übertönen. Sie tanzten, schlugen mit den Speeren an die Schilde und sangen aus vollem Hals.

Monate und Jahre gingen ins Land, während Zeus in der Höhle bei den Nymphen aufwuchs. Umgeben war er von Schafherden, die Städte und Paläste der Kreter waren weit weg.

und lernte zu kämpfen. Immer hörte er auf die Ratschläge von Amaltheia und Melissa.

Eines Tages brach er beim Spielen das Horn der Ziege ab, deren Milch er getrunken hatte. Er machte ein Füllhorn daraus und schenkte

▼ Die Kureten machen Lärm, damit Kronos nicht hört, dass der kleine Zeus weint.

Der Junge unternahm ausgiebige Streifzüge durch die Wälder und auf die Berge. Er trug ein kurzes Gewand, das in der Taille mit einem Gürtel zusammengebunden war. So konnte er sich im Dickicht gut bewegen. Er beobachtete die Tiere des Waldes, hütete gemeinsam mit den Schäfern die Schaf- und Ziegenherden

es seiner Lieblingsnymphe Amaltheia. »Es wird immer mit allem gefüllt sein, was du dir wünschst«, versprach er ihr, »seien es Früchte oder Blumen.«

Als seine Lieblingsziege starb, fertigte Zeus aus ihrer Haut eine starke Rüstung. Sie sollte ihn bei künftigen Kämpfen schützen.

Der Mundschenk füllt den Weinkrug auf. Die Griechen tranken den Rotwein mit Wasser vermischt.

Als er zum jungen Mann herangewachsen war, wollte er sich an seinem Vater rächen. Schließlich hatte Kronos alle seine Geschwister gefressen! Er nahm also Abschied von seiner Heimat und den Nymphen, legte seine Rüstung an und ging von dannen, ohne sich noch einmal umzudrehen.

Er war noch nicht weit gekommen, da traf er am Meeresstrand Metis, die Göttin der Weisheit. Ihr Name bedeutet »der kluge Rat«. Sie gehörte zu den ältesten griechischen Göttern und war Kronos' Nichte, also Zeus' Cousine. Sie wollte Zeus helfen und beschaffte ihm ein Gift. »Geh heimlich zu deiner Mutter«, riet sie ihm, »und frage sie, ob du der neue Mundschenk deines Vaters werden kannst.« Ein Mundschenk kümmerte sich im Haus der Reichen um die Getränke.

Zeus befolgte ihren Rat und war schon bald Mundschenk im Palast des Kronos. So konnte er das Gift leicht in den Becher seines Vaters träufeln. Der trank nichts ahnend den

Das Füllhorn leert sich nie.

Becher bis auf den letzten Tropfen leer. Nicht lang, und er begann sich zu erbrechen. Zuerst kam der große Stein zum Vorschein, den Rhea ihm gegeben hatte, dann Zeus' fünf Brüder und Schwestern. Sie waren im dunklen Bauch ihres Vaters aufgewachsen und wollten sich jetzt ebenfalls rächen. Sogleich baten sie Zeus, sie im Krieg gegen Kronos anzuführen.

Als Waffe wählte Zeus einen Blitz. Sein Bruder Hades setzte sich eine Tarnkappe auf, die ihn unsichtbar machte, und sein zweiter Bruder Poseidon bewaffnete sich mit einem spitzen Dreizack. Gemeinsam mit ihren Schwestern Hestia, Hera und Demeter zogen sie in den Kampf gegen den Vater.

Nach zehn langen Jahren hatten sie Kronos endlich besiegt und eingekerkert. (Später versöhnte sich Zeus mit ihm.) Die Geschwister teilten nun die Macht untereinander auf: Poseidon herrschte über das Meer, Hades über die Unterwelt. Demeter wurde Herrin der Felder, Hestia regierte in den Häusern. Hera heiratete Zeus und wurde so zur Königin des Olymps, denn Zeus war von nun an Herrscher über den Himmel. In Delphi ließ er den Stein aufstellen, den Kronos an seiner Stelle verschlungen hatte. Es heißt, er stehe noch heute dort.

Der Hirte trägt ein kurzes Gewand. So kann er schneller rennen, wenn er einmal seine flüchtenden Tiere einfangen muss.

Die Hirten

Der Legende nach wuchs Zeus unter Schäfern auf. Das Klima war heiß, der Boden trocken. Schon seit Urzeiten hüteten die Schäfer in der kargen Landschaft ihre Schafe und Ziegen. In den wenigen fruchtbaren Ebenen grasten dagegen Rinder und Pferde. Die Rinder wurden für die Arbeit auf den Feldern benutzt, die Pferde brauchte man für die Kriegszüge. Daneben hielt man auch Esel, Schweine und Hühner.

▲ Dieser Esel ist mit zwei Körben beladen. Die Tonfigur ist 2500 Jahre alt.

Die meisten Hirten waren Sklaven, gehörten also mächtigen Landbesitzern, denen sie bedingungslos gehorchen mussten. Sie hüteten die Tiere, tranken Ziegenmilch und aßen selbst gemachten Ziegenkäse. Kuhmilch wurde damals nicht getrunken. Wie die meisten Griechen dieser Zeit aßen die Schäfer auch kaum Fleisch. Das Wichtigste an einem Tier waren für sie die Haut und die Wolle. Daraus konnten sie Leder und Kleidung fertigen.

▲ Die Zuschauer sehen sich begeistert ein Wagenrennen an.

Athene springt aus Zeus' Schädel. Die Schutzgöttinnen für die Geburt und Hephaistos, der Gott der Schmiedekunst, sehen zu.

Athene
und ihre verlorene Freundin

Ein Liebespaar im alten Griechenland

Zeus war in die Göttin Metis verliebt und stellte ihr ständig nach. Da sie ihn aber nicht mochte, verwandelte sie sich immer wieder in eine andere Gestalt, um ihm zu entkommen. Doch dann machte Zeus sie doch ausfindig und zeugte mit ihr ein Kind. Zeus freute sich zunächst auf das Kind, doch dann warnte ihn ein Orakel, also eine Prophezeiung: »Metis wird dir erst eine Tochter schenken und dann einen Sohn. Dieser aber wird dich stürzen.« Da wurde Zeus sehr wütend.

▼ Hermes trägt den Hut
der Reisenden.

Niemand würde ihn je stürzen! Doch Orakel lügen nicht. Also ging Zeus ein letztes Mal zu Metis. Erst küsste und liebkoste er sie, doch dann verschlang er sie. Metis saß nun in Zeus' Bauch, zusammen mit ihrer Tochter Athene, mit der sie schwanger war. Beide lebten in Zeus' Innerem weiter. So wuchs Athene heran.

Eines Tages ging Zeus am Ufer eines Sees spazieren. Da überkamen ihn rasende Kopfschmerzen. »Mein Kopf platzt!«, brüllte er. Seine gellenden Schreie erfüllten die ganze Welt. Auch der Götterbote Hermes hörte sie und eilte an Zeus' Seite. Weil Götter alles wissen, war Hermes der Grund für Zeus' Kopfschmerzen gleich klar. Er rief Hephaistos, den Gott der Schmiedekunst, und bat ihn, mit der Axt einen Spalt in Zeus' Kopf zu schlagen.

Hephaistos tat wie geheißen und öffnete Zeus' Schädel. Die Erde bebte, und da sprang, in Helm und Rüstung, bewaffnet mit Speer und Schild, die kleine Athene aus Zeus' Kopf heraus. Mit erhobenem Speer stieß sie einen gellenden Kampfschrei aus. Metis blieb in Zeus' Bauch sitzen.

Den drei Göttern fiel gleich auf, wie schön Athene war. Ihre blaugrünen Augen blickten nicht minder klug als die ihrer Mutter Metis.

»Wer soll das Kind großziehen?«, fragten Hermes und Hephaistos.

»Der Seegeist Triton wird sich um sie kümmern«, antwortete Zeus. »Es wird ihm nichts ausmachen, denn er hat selbst eine Tochter, Pallas. Ich kenne drei Nymphen, die nicht weit von hier leben. Sie werden Athene zu essen geben.«

Hermes und Hephaistos hießen den Vorschlag gut und brachten Athene zu Triton. Die beiden Mädchen Pallas und Athene freundeten sich rasch an und erkundeten gemeinsam

Athene und Pallas üben das Bogenschießen.

die Umgebung. Besonders gern nähten und stickten sie zusammen. Da beide aber auch Kriegerinnen waren, übten sie das Kämpfen. Sie tollten umher, lachten viel und malten sich ihre Zukunft aus.

»Ich werde Waffen tragen und studieren, so wie die Männer«, sagte Athene entschieden. »Ich will auch immer auf die Warnungen und Vorhersagen der Priesterinnen hören. Ihretwegen wurde nämlich meine Mutter von Zeus verschlungen.« Tränen traten ihr in die Augen, doch Athene war nie lange traurig. »Und ich werde nie heiraten«, fügte sie hinzu. »Komm, lass uns am Seeufer spielen.«

Wenig später gerieten die Mädchen aus einem nichtigen Grund in Streit und prügel-ten wild aufeinander ein. Zeus beobachtete den Streit von Weitem. Als Pallas zu einem harten Schlag ausholte, bekam er Angst um seine Tochter Athene und stellte sich zwischen die beiden Mädchen. Pallas war einen Augenblick abgelenkt und konnte Athenes nächstem Schlag nicht ausweichen. Tödlich verletzt fiel sie zu Boden.

Athene weinte bitterlich. »Ich habe meine beste Freundin getötet! Das wollte ich nicht. Es war ein Unfall!«

Athene beschloss, Pallas' Namen anzunehmen. Niemand sollte ihre Freundin vergessen. Von nun an hieß sie also Pallas Athene. Sie fertigte eine riesenhafte Statue von ihrer Freundin an und stellte sie in Zeus' Palast auf.

Die kluge Kriegsgöttin Athene war nun allein. Sie verwirklichte ihren Traum, studierte Kriegsführung und erfand den Streitwagen. Später befehligte sie Kriege, half den Kämpfern und beschützte ihre Stadt Athen. Und sie schenkte den Menschen den Olivenbaum, aus dessen Früchten bis heute das schmackhafte Olivenöl gewonnen wird.

◀ Die Kriegsgöttin Athene trägt einen Kriegerhelm.

19

▲ Eine Münze aus dem alten Athen mit dem Bild der Schutzgöttin Athene

Die Priesterinnen und die Orakel

▲ Die Priesterin lauscht den Worten der Götter. Sie sitzt auf einem dreibeinigen Hocker, einen Lorbeerzweig in der Rechten und eine Schale mit Quellwasser in der Linken. Vor ihr steht Ägäus, König von Athen, der das Orakel befragt hat.

Die Griechen fanden es ganz natürlich, dass die Götter ihnen Botschaften schickten. Die Götter übermittelten ihnen ihre Mitteilungen, Warnungen und Voraussagen auf unterschiedliche Weise: Manchmal gaben sie ein Zeichen, das die Menschen lesen mussten, etwa das Rauschen der Blätter im Wind, Blitze, eine Sonnenfinsternis, Träume oder die Art des Vogelflugs. Manchmal sprachen sie auch zu den Menschen. Solche Botschaften nennt man Orakel. Ein Orakel war die Antwort eines Gottes auf die Frage eines Gläubigen im Tempel. Mit einem Orakel sagten die Götter den Menschen die Zukunft voraus oder erteilten ihnen Ratschläge.

Die Griechen nahmen die Botschaften ihrer Götter sehr ernst. Manche Priesterinnen und Priester waren ausschließlich damit beschäftigt, in den Tempeln die Orakel zu deuten. Sie »übersetzten« sie sozusagen in die Sprache der Menschen.

Das berühmteste Orakel befand sich in Delphi. In einer dunklen Höhle halfen die Priester den Menschen, ihre Fragen an die Götter zu richten.

Wenn ein besorgter Herrscher zum Beispiel wissen wollte, wer ihn vom Thron stürzen würde, so stellte er seine Frage und wartete auf die Antwort der Götter. Eine Priesterin mit wildem Haar, Pythia genannt, saß auf einem Dreibeinhocker, der über einer Spalte im Boden stand. Die Pythia lauschte geduldig auf die Antwort. Wenn der Gott dann zu ihr sprach, übertrug sie seine Antwort in laute Schreie und merkwürdiges Gemurmel. Nur Priester, die viel Erfahrung mit Orakeln hatten, konnten das verstehen. Sie übersetzten die Laute der Priesterin in schwer verständliche Sätze und lasen sie dem König vor, der die Frage gestellt hatte. Er musste nun versuchen, die Botschaft richtig zu deuten und sich entsprechend zu verhalten.

Manche Orakel waren erstaunlich klar, andere dagegen so vage, dass sie alles Mögliche bedeuten konnten. Oft bestand ein Orakel aus einem einfachen Ratschlag. Die Menschen sollten sich beispielsweise reinigen oder an religiösen Feiern teilnehmen. Manche Orakel beruhigten die Fragenden, andere gaben eine Warnung ab, wieder andere blieben völlig rätselhaft.

▲ Die Ruinen des berühmten Tempels von Delphi

Sogar die Götter verließen sich auf die Orakel. Einmal vorhergesagte Ereignisse konnten auch sie nicht so leicht verhindern. Kronos zum Beispiel gelang es nicht – er wurde von seinem Sohn Zeus gestürzt. Und wie im Orakel prophezeit, musste Athene im Bauch ihres Vaters aufwachsen und verlor die Mutter.

Man weiß nicht genau, was die Griechen eigentlich von den Orakeln erwarteten. Gegen die Vorhersagen kamen sie ja nicht an, denn über das Leben der Griechen entschieden nach ihrem Verständnis drei Schicksalsgöttinnen. Sie wurden Moiren genannt und spannen die Lebensfäden, wie man Wolle spinnt. Die erste hieß Klotho. Die zweite war Lachesis, »die Zuteilerin«. Sie bemaß die Länge der Fäden. Atropos, »die Unabwend-bare«, schnitt die Lebensfäden ab. Alle drei zusammen bestimmten über das Leben jedes einzelnen Griechen.

Die Moiren bestimmten zwar, wie lange ein Leben dauerte. Doch die Götter konnten es für den einzelnen Menschen mehr oder weniger angenehm machen, konnten ihn belohnen oder bestrafen. Deshalb versuchten die Griechen, ihre Götter mit Gebeten und Opfergaben zu besänftigen.

▼ Die drei Moiren waren die gefürchteten Schicksalsgöttinnen. Der Sage nach schnitten sie nach eigener Einschätzung den Lebensfaden von Menschen durch.

▼ Der siegreiche Krieger ist in die Stadt eingedrungen. Nun will er die Priesterin gefangen nehmen, die sich aber an der Athene-Statue festhält. Der Soldat zerrt so stark, dass die Statue wackelt.

Diese Tonstatue zeigt, wie liebevoll die Mutter mit ihrem Kind umgeht.

Hermes, das gewitzte Kind

Mitten in der Nacht schlich sich Zeus, der Herrscher des Himmels, aus seinem Palast auf dem Olymp. Er besuchte die Nymphe Maja, denn er war wieder einmal verliebt.

Die Beziehung blieb nicht lange verborgen, denn einige Zeit später brachte Maja in einer Höhle auf dem Berg Kyllene einen Sohn zur Welt. In der Morgendämmerung wusch sie den Kleinen, wickelte ihn in weiche Tücher und legte ihn in einen Weidenkorb. Der Säugling schlief ein, und auch Maja ruhte sich aus.

Am Nachmittag wurde der kleine Hermes von den Sonnenstrahlen, die in die Höhle fielen, geweckt. Er schlug die Tücher zurück und kletterte aus dem Korb. Der Blick des kleinen Lockenkopfes war quicklebendig, und kurzentschlossen machte er sich auf den Weg, die Umgebung zu erkunden. Bei Einbruch der Nacht kam er am Fuß des Berges an, dort, wo die unsterblichen Rinder des Apollon grasten.

»Die sind aber schön!«, dachte er. Weit und breit war kein Kuhhirte zu sehen. Wunderbar! Kurzentschlossen stahl Hermes fünfzig Rinder. Um seine Spuren zu verwischen, zog er sie rückwärts am Schwanz den Weg entlang. So zeigten die Hufabdrücke in die andere Richtung. Hermes war die ganze Nacht unterwegs. Nur dem alten Hirten Battos fiel er auf, doch der versprach, ihn nicht zu verraten.

Bei Tagesanbruch versteckte Hermes die Herde in einem verlassenen Stall. Dann brachte er wie jeder gute Grieche den Göttern ein Opfer: Er schlachtete zwei Kühe und zer-

▶ Erstaunt blicken Apollons Rinder dem kleinen Hermes entgegen.

legte sie in zwölf Teile – für jeden großen Gott eines. Die Fleischstücke steckte er auf Spieße und briet sie über dem Feuer.

Schließlich vergewisserte sich Hermes, dass der Stall gut verschlossen war, und machte sich auf den Rückweg. Er wollte zu seiner Mutter. Am Eingang zur Höhle sah er eine hübsche Schildkröte.

»Ich weiß schon, was ich aus ihrem Panzer machen kann!«, freute er sich. Er tötete die Schildkröte und löste den Panzer ab. Er befestigte einen dicken Ast daran, spannte eine Rinderhaut über den Panzer und zog sieben Saiten auf, die er aus den Därmen der geopferten Kühe gefertigt hatte. Hermes hatte die Leier erfunden! Sogleich schlug er die Saiten der Lyra an und sang dazu. Als er müde wurde, kletterte er in seinen Weidenkorb und legte sich schlafen.

Unterdessen suchte Apollon in der Ferne den Himmel ab. Aus dem Vogelflug konnte er ablesen, dass seiner Rinderherde etwas zugestoßen war. Er fragte herum, bis ihm der alte Battos die ganze Geschichte erzählte. Wütend stürmte Apollon zur Höhle auf dem Berg Kyllene.

»Dein Sohn ist ein Dieb!«, brüllte er Maja an.

»Wie kommst du denn darauf?« Maja deutete auf den schlafenden Hermes im Weidenkorb. »Er wurde doch erst gestern geboren.«

»Wo sind meine Rinder?«, fragte Apollon den Säugling.

»Ich habe nichts gesehen und nichts gehört«, antwortete Hermes. »Ich trinke die Milch meiner

▶ Von dem Fleischspieß steigt Rauch auf, der die Götter nährt. Bald ist das Fleisch gar, und der Junge kann es essen.

▶ Ein Metzger
bei der Arbeit

Mutter und schlafe die meiste Zeit. Sieh doch
nur, wie klein meine Füße sind! Ich schwöre,
dass ich unschuldig bin.«

»Lügner! Ich will meine Rinder wieder-
haben! Komm schon, wir gehen zu unserem
Vater Zeus. Er soll die Sache regeln.«

Auf dem Gipfel des Olymps im Palast der
Götter angekommen, wurden die beiden von
Zeus befragt. Apollon erklärte ihm, was ge-
schehen war, doch Hermes stritt immer noch
alles ab. Als Zeus den Kleinen so gut lügen sah,
musste er lachen und befahl ihm, die gestoh-
lenen Rinder zurückzugeben. Hermes blieb
nichts anderes übrig: Er musste seinem Vater
gehorchen. Also kehrte er zu dem verlassenen
Stall zurück und befreite die unsterblichen
Rinder. Anschließend setzte er sich auf einen
Felsbrocken und spielte auf seiner Lyra.

◀ Apollon wurde
immer als schöner
Jüngling dargestellt.

»So eine wundervolle Musik!«, begeisterte sich Apollon. »Ich überlasse dir meine Rinder, wenn du mir die Lyra gibst.«

»Einverstanden«, sagte der göttliche Säugling. Er freute sich, die Rinder zurückzubekommen. Fortan blieb er bei seiner Mutter und wuchs so auf, wie es sich für einen jungen Gott gehörte.

Eines Tages hütete Hermes gerade seine Rinder, als ihm die Idee kam, aus einem Rosenzweig eine Flöte zu fertigen – die erste der Welt. Hermes blies auf seinem neuen Instrument herrliche Melodien.

Der flinke und gewitzte Hermes, der gern auch mal flunkerte, wurde später zum Götterboten und zum Schutzgott der Reisenden, Händler und … Diebe.

▲ Der Jüngling spielt, an ein dickes Kissen gelehnt, auf einer großen Lyra.

Die Musiker

◄ Die Flöte ist eines der ersten Musikinstrumente der Menschheit. In Griechenland war die Doppelflöte verbreitet.

Die Griechen liebten die Musik. Sie war Teil ihres Lebens, erklang bei Festen, Familientreffen, religiösen Feiern und Sportveranstaltungen. Die Musiker wetteiferten auch bei musikalischen Wettbewerben miteinander.

Jeder junge Grieche aus gutem Hause lernte singen und ein Instrument spielen. Am beliebtesten war die Lyra. Denn beim Spielen der Flöte musste man den Mund stark spitzen, und viele Griechen fanden, das mache hässlich.

Die ersten Leiern bestanden aus einem Schildkrötenpanzer oder einem Holzgehäuse, über das eine Rinderhaut gespannt war. Die Darmsaiten waren unterschiedlich stark. Mit der einen Hand zupfte der Musiker die Saiten oder schlug sie mit einem Plättchen an, dem sogenannten Plektron. Die Tonhöhe veränderte der Lyraspieler, indem er mit den Fingern der anderen Hand auf die Saiten drückte. Bögen wie für die heutigen Geigen gab es noch nicht.

Die Flöten wurden aus Rosenzweigen, Hölzern oder Knochen geschnitzt. Sie hatten drei, sechs oder sechzehn Löcher. Oft bliesen die Musiker auf Doppelflöten.

Artemis, das mutige Kind

Zeus hatte sich in die Göttin Leto verliebt, die nun schwanger war. Lange suchte sie nach einem geeigneten Ort für die Geburt, doch Zeus' Frau Hera verbot in ihrer Eifersucht der Erde, Leto aufzunehmen. Sie setzte auch noch den Drachen Python auf Letos Fährte. Doch dann brachte der Südwind Leto auf eine vergessene Insel, die über das Meer trieb. Hera drohte der Insel mit Feuer, Dürre und Sturm. Doch die fürchtete sich nicht vor Heras Zorn, denn auf ihr wuchs nicht

mehr als eine Palme – sie hatte also nichts zu verlieren. Am Fuß dieser Palme gebar Leto ihre Tochter Artemis. Kaum auf der Welt, half das mutige Mädchen seiner Mutter, seinen Zwillingsbruder Apollon zur Welt zu bringen.

Vom Himmel aus beobachtete Zeus Leto und ihre schönen Kinder. Die Kleinen strahlten eine Anmut aus, wie nur Götter sie haben. Um die Insel zu belohnen, verankerte Zeus sie mit vier Säulen am Meeresgrund und gab ihr den Namen Delos, die Glänzende.

30

»Ich bitte dich, mich nie zu verheiraten«, sagte die Göttin. Sie saß auf Zeus' Schoß und erklärte: »Ich will nicht in einem Haus oder Palast eingesperrt sein. Gib mir einen Streitwagen, Pfeile und Bogen. Gib mir ein schönes Gewand mit rotem Saum für die Jagd. Und gib mir vierundzwanzig Nymphen, die sich um meine Jagdhunde kümmern. Ich wünsche mir auch alle Berge der Welt und eine schöne Stadt. Eine Stadt reicht mir, denn ich werde in den Bergen leben.«

»Meine Kleine«, antwortete Zeus, »du bist mutig, klug und schön. Du sollst alles bekommen, was du dir wünschst, und sogar noch

Am Morgen des vierten Tages verlangte Apollon Bogen und Pfeile, um Leto zu rächen. Dann machten sich die beiden Kinder auf die Suche nach dem Drachen Python. Sie fanden sein Versteck, töteten ihn und kehrten zu ihrer Mutter nach Delos zurück.

Nun begannen glückliche Monate. Apollon und Artemis spielten und tollten herum. Ab und zu besuchten sie ihren Vater.

»Was wünschst du dir?«, fragte Zeus Artemis an ihrem dritten Geburtstag.

mehr. Ich schenke dir nicht eine Stadt, sondern dreißig. Und ich mache dich zur Hüterin der Straßen und Häfen.«

Glücklich sprang Artemis von Zeus' Schoß und lief aus dem Palast zu ihren neuen Freunden, den Nymphen. Dann ging sie in Hephaistos' Schmiede. Von ihm erhielt sie einen silbernen Bogen, einen Köcher und Pfeile. Artemis fing vier Hirschkühe ein, schirrte sie an und fuhr mit ihrem Streitwagen nach Norden. Dort probierte sie ihre neuen Waffen aus.

Dann kehrte Artemis zufrieden in die Berge zu ihren Nymphen zurück, die ihre Hirschkühe ausspannten, fütterten und tränkten.

Von diesem Tag an widmete sich Artemis ganz der Jagd. Sie scheute die Gesellschaft der Menschen und erhellte in Mondgestalt die dunkelsten Nächte. Sie wies den Reisenden den Weg, stand den Frauen bei der Geburt bei und brachte denen, die es nicht anders verdienten, den Tod.

◀ Artemis, die Göttin der Jagd, führt ein Hirschkalb an der Hand. Mit der anderen Hand zieht sie einen Pfeil aus dem Köcher. Das kurze Gewand lässt ihr bei ihren Streifzügen durch den Wald viel Bewegungsfreiheit.

Göttinnen und Hausfrauen

▲ Eine griechische Frau ging nie ohne Kopfbedeckung aus dem Haus.

▶ Junge Mädchen mussten ihrem Vater ohne Widerrede gehorchen.

Für die Griechinnen galten andere Regeln als für die Göttinnen. Artemis hatte die Wahl: Sie konnte sich entscheiden, nicht zu heiraten und ein unabhängiges Leben zu führen. Im damaligen Griechenland war eine Frau aber die Hüterin des Hauses. Nur Bettlerinnen und Sklavinnen ließen sich auf der Straße blicken.

Ein Mädchen wurde von seiner Mutter von klein auf zur Häuslichkeit erzogen. Es lernte kochen, spinnen, nähen, singen, aber nur selten lesen und rechnen. Außerdem brachte die Mutter ihrer Tochter bei, wie man die Sklaven bei der Arbeit anleitet. Der Vater bestimmte, wann und wen sie heiratete. Eine Frau hatte keine Rechte und war völlig vom Vater oder Ehemann abhängig. Im eigenen Haushalt war sie verantwortlich für den Schlüsselbund. Ihre Macht reichte also nicht weit, denn sie bestimmte nur über den Zugang zur Speisekammer, zum Keller und zu den Schränken.

Eine Frau durfte das Haus nur in Begleitung eines Sklaven verlassen. Manchmal besuchte sie eine Nachbarin und hielt mit ihr ein Schwätzchen. Größere Freiheit hatte sie aber nicht.

Hermes bringt den kleinen Herakles ins Land der Götter. Der Götterbote trägt seinen Reisehut auf dem Rücken. An seinen Sandalen sind Flügel befestigt.

Herakles,
der Trotzkopf

Im Königspalast des Amphitryon brachte dessen Frau Alkmene zwei Jungen zur Welt. Als die Zwillinge fünf Tage alt waren, stellte ihr Vater sie den Göttern am Familienaltar vor. Die Tradition wollte es, dass sie nun einen Namen erhielten.

Der eine wurde Iphikles, der andere Herakles genannt. Doch Herakles war in Wahrheit Zeus' Sohn. Der Göttervater hatte sich in der Gestalt Amphitryons in Alkmenes Schlafzimmer geschlichen.

»Damit Herakles unsterblich wird, muss er mindestens einmal die Milch einer Göttin trinken«, überlegte Zeus.

Sogleich schickte er Hermes zu Herakles in den Palast. Der Götterbote brachte den Kleinen auf den Olymp zu Zeus' Frau Hera. Als er dort ankam, schlief Hera gerade. Vorsichtig legte er ihr den Säugling an die Brust, doch da wachte die Göttin auf.

»Noch so ein Balg meines Mannes«, kreischte sie und stieß Herakles von sich.

Hermes wusste nicht, ob Herakles von Heras Milch getrunken hatte, brachte ihn aber vorsichtshalber vor ihrem Zorn in Sicherheit und setzte ihn wieder bei seinen Eltern ab.

Doch Hera vergaß den Zwischenfall nicht. Einige Monate später schickte sie nachts zwei Schlangen in das Schlafzimmer der Zwillinge. Sie krochen in die Wiege der schlafenden Kinder. Iphikles schrie vor Schreck auf, Herakles aber packte mit jeder Hand eine Schlange und erwürgte sie mit bloßen Fingern.

Die Jahre gingen ins Land. Wie alle griechischen Prinzen spielten die Zwillinge mit

▲ Herakles erwürgt die Schlangen, die zu ihm und seinem Bruder in die Wiege gekrochen sind. Iphikles flüchtet sich in die Arme seiner Mutter.

◄ Der Junge hat nur Augen für seinen Ball und merkt gar nicht, dass ihm der Umhang von den Schultern rutscht.

Rasseln und Bällen, balgten sich und lauschten den abenteuerlichen Geschichten von den Göttern und Helden. Zurückgezogen lebten sie in dem Teil des Palasts, der den Frauen und Kindern vorbehalten war.

Mit sieben Jahren bekamen die Zwillinge einen Hauslehrer, der ihnen das Schreiben, Lesen und Rechnen beibrachte. Ein anderer unterrichtete sie in der Musik, ein dritter im Sport. Schon bald konnte Iphikles die Lyra spielen und wunderschön singen. Herakles trieb lieber Sport. Er war immer der Stärkere und Schnellere von beiden.

Ihr Lehrer Linos schätzte Iphikles' Klugheit. Den wilden Herakles dagegen bestrafte er häufig. Schläge waren in der Erziehung damals auch in Griechenland an der Tagesordnung. Doch Herakles machten die Strafen wütend, und eines Tages schlug er mit der Lyra zurück. Sein Lehrer starb auf der Stelle.

Herakles, der Sohn des Zeus – ein Mörder! Der Junge wurde vor Gericht gestellt. Alles andere als eingeschüchtert, verteidigte er sich jedoch geschickt.

»Darf man einen Gegner etwa nicht töten?«, fragte er. »Ich habe mich doch nur gegen die Schläge gewehrt.« Und tatsächlich sprachen ihn die Richter frei. Also kehrte er in den Palast zurück.

Amphitryon aber fürchtete sich vor Herakles' Wutanfällen. Er beschloss daher, den Knaben aufs Land zu schicken. Dort sollte er Tiere hüten und von neuen Lehrern unterrichtet werden.

Viele Jahre später tötete Herakles in einem Wutanfall alle seine Kinder. Zur Strafe stellten ihm die Götter zwölf unglaublich schwere Aufgaben. Man nennt sie »die zwölf Arbeiten des Herakles«. Nur mit einem Bogen und einer Keule bewaffnet, bewältigte er dank seiner Stärke und Klugheit alle zwölf Arbeiten.

Vor Gericht

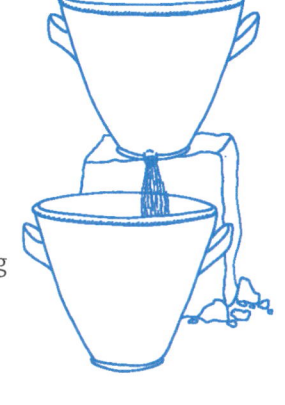

Im alten Griechenland wurden die Richter zunächst von den Königen bestimmt, später unter den Bürgern ausgewählt. Über die Strafen für Verbrechen stimmten immer mehrere Richter ab. Ihre Zahl war ungerade, damit es bei der Abstimmung immer eine Mehrheit gab.

Die Richter hörten sich die Beweise und die Aussagen des Anklägers und des Angeklagten an. Ein Angeklagter hatte keinen Anwalt, sondern musste sich selbst verteidigen. Die Verteidigungsrede, die er vor Gericht hielt, wurde allerdings oft von einem Fachmann vorbereitet, denn nicht jeder beherrschte die Redekunst.

▼ Athene überwacht die richterliche Abstimmung. Sie achtet darauf, dass die Gesetze der Stadt eingehalten werden.

▶ Mit solchen Steinen taten die Richter ihre Entscheidung kund. Oben ist eine Wasseruhr abgebildet, mit der die Redezeit gemessen wurde.

Zuerst sprach der Ankläger. Die Dauer seiner Rede wurde mit einer Wasseruhr gemessen. Wenn das Wasser von einem Behälter in den anderen geflossen war, war der Angeklagte an der Reihe, sich zu verteidigen. Seine Redezeit war genauso lang wie die des Anklägers.

Für die Abstimmung durch die Richter gab es zwei große Tongefäße, die man Urnen nannte. Eine Urne war für den Schuldspruch, die andere für den Freispruch des Angeklagten vorgesehen. Jeder Richter traf sein Urteil und legte einen Stein in die entsprechende Urne. Wurde der Angeklagte für schuldig befunden, waren verschiedene Strafen möglich: Er wurde zum Tode verurteilt oder aus der Stadt vertrieben, sein Besitz wurde beschlagnahmt, oder er musste eine Strafe zahlen. Der Richterspruch war endgültig, eine Berufung war also nicht möglich.

▶ Der Zentaur Cheiron ist hier mit dem gesamten Körper eines Menschen und dem Hinterteil eines Pferdes abgebildet. Normalerweise ist beim Zentauren nur der Oberkörper der eines Menschen.

Achill,
der Junge in Mädchenkleidern

Der griechische König Peleus heiratete die Göttin Thetis, eine Enkelin des Meeresgottes Nereus. Thetis wollte, dass ihre Kinder so unsterblich wären wie sie selbst. Deshalb gab sie ihnen von Geburt an die Götternahrung Ambrosia, die ewiges Leben verleiht. Doch damit nicht genug: Thetis warf ihre Kinder ins Feuer! Dadurch würden sie entweder unsterblich werden oder verbrennen.

Sechs Kinder waren schon im Feuer gestorben, als Thetis ihr siebtes Kind Achill zur Welt brachte. Es war ein schöner blonder Säugling mit wachem Blick. Noch am Abend der Geburt entzündete Thetis ein Feuer. Mit dem Kind im Arm beugte sie sich schon über die Flammen, als Peleus ihr das Kind entriss und es in den Palast zurückbrachte.

Achill hatte Glück gehabt: Seine Lippen waren aufgesprungen, und er hatte sich die rechte Ferse verbrannt – sonst war ihm nichts passiert. Unsterblich war er nicht, aber offenbar unverwundbar!

Thetis war wütend auf ihren irdischen Mann, der nicht verstehen konnte, warum ihr die Unsterblichkeit so wichtig war. Sie verließ Peleus und Achill und kehrte zu ihren Schwestern ins Meer zurück.

Peleus ließ Cheiron zu sich rufen, den größten und klügsten der Zentauren. Zentauren haben den Kopf und Oberkörper eines Menschen und das Hinterteil eines Pferdes. Cheiron lebte in einer Grotte am Fuße des Berges Pelion. Als er im Palast eintraf, bat Peleus ihn, sich seines Sohnes anzunehmen. Cheiron möge die verbrannte Ferse behandeln und Achill mitnehmen, um ihn zu einem Prinzen zu erziehen.

Am nächsten Morgen grub der Zentaur das Skelett eines Riesen aus, der für seine Schnelligkeit berühmt gewesen war. Mit dem Fersenknochen des Riesen ersetzte er die verbrannte Stelle in Achills Fuß. Achill wurde deshalb später ein schneller Läufer.

In der Grotte kümmerten sich Cheirons Mutter und seine Ehefrau rührend um das Kind. Es war so klein und hübsch! Sie fütterten Achill mit den Innereien von Löwen und Wildschweinen, damit die Kraft dieser Tiere auf ihn überging. Um ihn mit Sanftmut zu erfüllen, gaben sie ihm Honig. Und das Knochenmark eines Bären sollte ihn stark machen.

Kaum konnte Achill laufen, ging er auch schon auf die Jagd. Bald konnte er reiten und mit Tieren umgehen, lesen, schreiben, rechnen, singen und die Lyra spielen. Cheiron vermit-

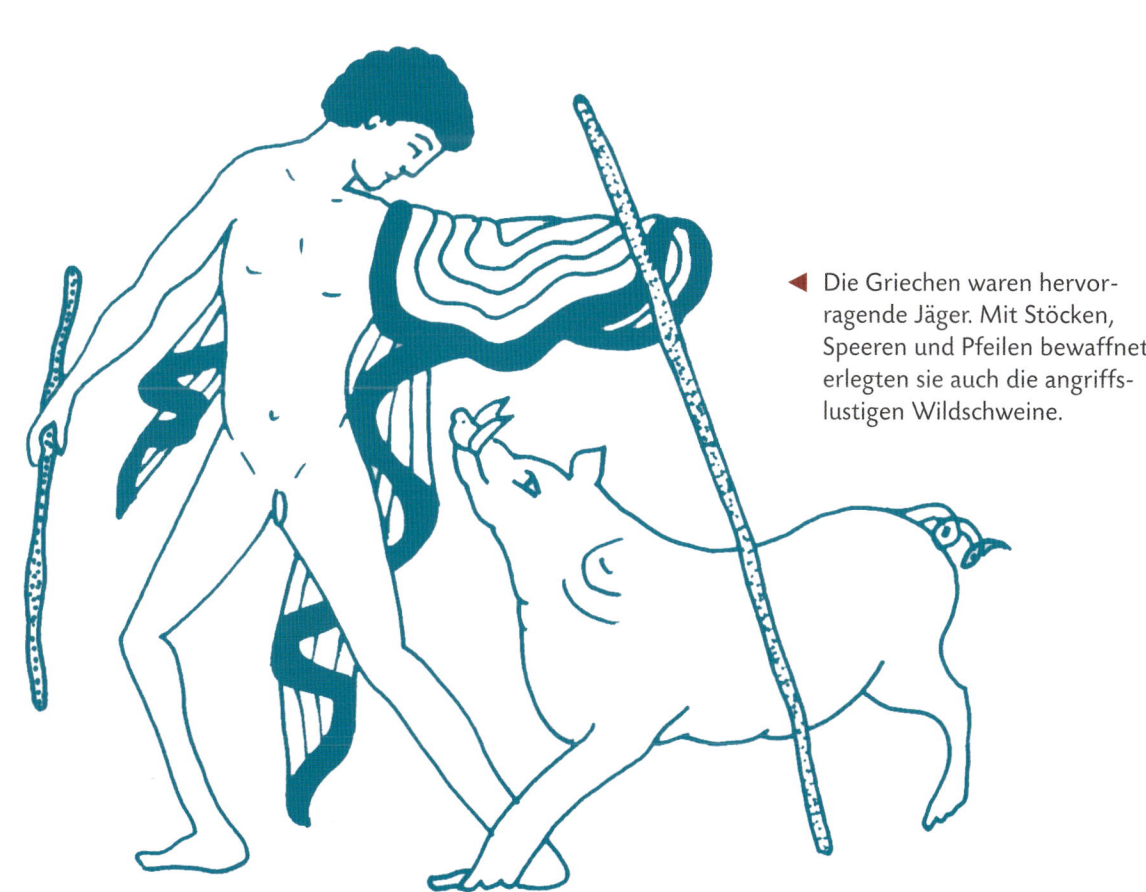

◄ Die Griechen waren hervorragende Jäger. Mit Stöcken, Speeren und Pfeilen bewaffnet, erlegten sie auch die angriffslustigen Wildschweine.

telte Achill auch wichtige Werte: Reichtum zu verachten, die Lüge zu verabscheuen, Schmerz aushalten. Achill war ein guter Schüler.

Bald nahm der Zentaur einen weiteren Jungen bei sich auf: Patroklos, der in einem Wutanfall einen Freund getötet hatte. Er war deswegen aus dem Elternhaus gejagt worden. Achill und Patroklos verbrachten viel Zeit miteinander und wurden bald unzertrennlich.

Mit sechs Jahren konnte Achill mit dem Speer und ohne die Hilfe von Hunden Wildschweine erlegen und in Cheirons Grotte bringen. Er lief schneller als ein Hirsch. Er war mutig und hilfsbereit, aber auch empfindlich und nachtragend. Patroklos mochte ihn trotzdem, und Cheiron versuchte, ihm seine Fehler abzugewöhnen.

Als Achill neun Jahre alt war, sagte ein Gott voraus, dass er in der Schlacht um die Stadt Troja, die in der heutigen Türkei lag, sterben würde. Seine Mutter Thetis hörte auf dem Grund des Meeres davon. Sie wollte ihren Sohn vor den Gefahren des Krieges schützen und brachte ihn zu König Lykomedes, der ihm Mädchenkleider anzog und ihn bei seinen Töchtern versteckte. Neun Jahre lang lebte Achill bei den Prinzessinnen.

Doch vor seinem Schicksal konnte ihn dieser Schachzug nicht bewahren. Eines Tages entdeckte der griechische König Odysseus Achills Versteck. Odysseus wollte die Trojaner besiegen, und dafür brauchte er Achill. Er verkleidete sich als Händler für Cremes, Parfums, Schmink- und Nähzeug

40

▶ Hier fertigt der Schmiedegott Hephaistos einen Helm für Achill an. Den Schild hat Achills Mutter Thetis schon in der Hand.

◀ Achills Helm ist fertig.
Er kann in den Krieg gegen
die Trojaner ziehen.

Achill und Patroklos machten sich mit der griechischen Flotte auf den Weg nach Troja. Wenige Monate später kämpfte Achill an den Mauern der Stadt, als ihn ein Pfeil an der Ferse traf, seinem einzigen verletzlichen Punkt. So starb der größte griechische Krieger. Das Orakel hatte recht behalten.

41

und gelangte so in die Frauengemächer des Palastes.

Unter den Stoffen und Parfums hatte Odysseus Waffen versteckt. Als sich der inzwischen achtzehnjährige Achill in Mädchenkleidern auffallend dafür interessierte, war er enttarnt. Odysseus überredete ihn, mit ihm in den Krieg zu ziehen.

Am Tag der Abreise nach Troja tauchte Thetis aus dem Meer auf und überreichte ihrem Sohn eine Rüstung, die Hephaistos, der Gott der Schmiedekunst, eigens für ihn angefertigt hatte. Außerdem brachte sie ihm Pferde mit, ein Geschenk des Meergottes Poseidon.

▲ Achill stirbt am Fuß der Stadtmauern von Troja. Ein Krieger bringt den Leichnam ins Lager der Griechen.

Die Schmiede

Achill war einer der berühmtesten griechischen Helden. Er trug einen Helm, einen Schild, einen Speer und ein Kurzschwert. Seine gesamte Ausrüstung hatte Hephaistos, der Gott der Schmiedekunst, für ihn angefertigt. Mit ihr siegte Achill in zahlreichen Kämpfen. Jeder griechische Krieger eiferte ihm nach.

Für einen Krieg brauchte man Waffen. Daher gab es in jeder griechischen Stadt Schmiedewerk-

stätten, in der freie Männer und Sklaven arbeiteten. In der Schmiede war es sehr heiß und laut. Wegen der großen Hitze arbeiteten die Männer oft nackt. Zwischendurch nahmen sie immer wieder einen Schluck aus dem Wasserkrug.

Hinter dem Ofen stand ein Blasebalg. Damit wurde das Feuer geschürt. Wenn das Werkstück glühte, nahm der Schmied es mit einer langen Zange heraus. Er legte das heiße Metall auf den

▶ An der Wand dieser Schmiedewerkstatt sind Werkzeuge und Teile von Statuen (eine Hand und ein Fuß) zu sehen. Ein Schmied bringt den Arm einer Statue an. Der Kopf liegt schon auf dem Boden bereit. Ein anderer Schmied schmilzt im Ofen Metall.

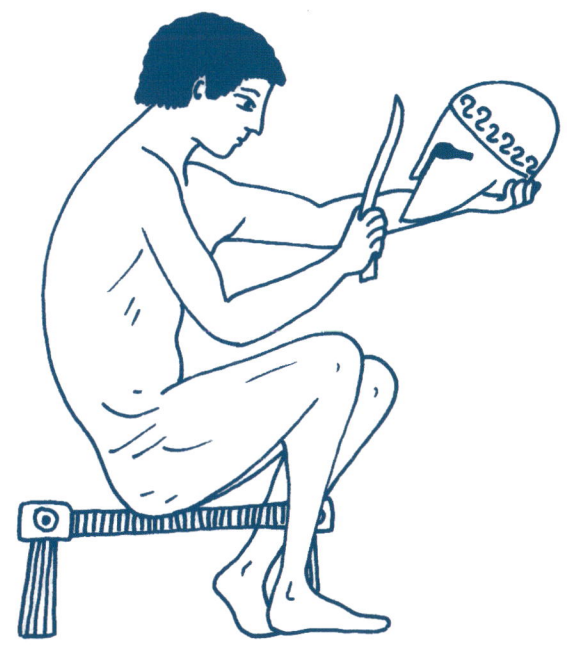

▶ Der junge Schmied poliert den fertigen Helm.

Amboss und schlug es mit einem Hammer in die gewünschte Form. Nach einer Weile, wenn es zu stark abgekühlt war, legte er es zurück ins Feuer.

Dort erhitzte sich das Metall, wurde wieder weich und konnte weiter bearbeitet werden. Bei Bedarf lötete der Schmied verschiedene Teile zusammen.

Zum Schluss wurde das geschmiedete Stück noch poliert.

Die meisten Schmiedewerkstätten waren auf bestimmte Waren spezialisiert. Die einen stellten nur Waffen her, andere Werkzeuge wie Äxte, Spaten und Pflugscharen für die Bauern. Es gab Kunsthandwerker, die Bronzestatuen schmiedeten, und solche, die Kochtöpfe und andere Haushalts-

▼ Ein Schmied hält ein Stück heißes Metall mit der Zange fest. Sein Kollege formt es mit Hammerschlägen. Zwei Kunden sehen zu.

geräte fertigten. Wieder andere stellten Halsketten, Armbänder, Broschen und Kopfschmuck her.

In einem griechischen Haushalt waren viele Gegenstände aus Kupfer, einem rotbraunen Metall, oder aus Bronze, einer Mischung aus Kupfer und Zinn. So gab es beispielsweise dreibeinige Tabletts, mit denen man heißes Essen von der Küche ins Speisezimmer bringen konnte. Sie ließen sich auch zum Wärmen der Speisen in den Ofen stellen. Aus Metall waren auch viele Kochtöpfe, Schalen, Messer und Trinkbecher.

Am berühmtesten waren die griechischen Schmiede für ihre Waffen. Sie fertigten unter an-

derem Schwerter, Lanzen, Schilde und Helme. Die Metallhelme waren innen mit Leder ausgekleidet, damit der Nacken und die Wangen des Kriegers weich auflagen.

Nur die besten Schmiede durften Bronzestatuen herstellen, die auf Plätzen und in Tempeln aufgestellt wurden. Eine solche Skulptur wurde in Einzelteilen angefertigt, die später zusammengesetzt wurden. Für eine große Statue brauchte man ein entsprechend großes Gerüst. Die Teile der Statue wurden zusammengeschweißt und die Nähte poliert. Am Ende sah die Skulptur aus wie aus einem Guss.

▶ Die Schmiede haben eine große Kriegerstatue fertiggestellt. Nun schmirgeln sie das Metall so lange, bis die Statue glänzt und die Nahtstellen der Einzelteile nicht mehr zu sehen sind.

◀ Der Bronzespiegel wird von einer Figur getragen.

▲ Manche Broschen waren aus Gold. Mit so einer Brosche wurde das Gewand zusammengehalten.

BILDNACHWEIS

Bibliografische Information Der Deutschen Nationalbibliothek
Die Deutsche Nationalbibliothek verzeichnet diese Publikation in der Deutschen Nationalbibliografie;
detaillierte bibliografische Daten sind im Internet unter http://dnb.d-nb.de abrufbar.

Titel der Originalausgabe: *La vie des enfants – Les dieux et héros grecs*
Erschienen bei Éditions de La Martinière SA, Paris 2002
Copyright © 2002 Éditions de La Martinière SA, Paris, Frankreich

Deutsche Erstausgabe
Copyright © 2010 von dem Knesebeck GmbH & Co. Verlag KG, München
Ein Unternehmen der La Martinière Groupe

Gestaltung: Isabelle Southgate und Fabian Arnet
Umschlaggestaltung: Gudrun Bürgin
Satz: satz & repro Grieb, München
Druck: Proost, Turnhout
Printed in Belgium

ISBN 978-3-86873-209-2

www.knesebeck-verlag.de